LECTIO BREVIS
di
Giuseppe Campagnoli

Raccolta di scritti e riflessioni sulla scuola italiana.

Dedicato alla mia famiglia e alla città di Bruges, che ho trovato in un viaggio inaspettato, luogo ideale per pensare.

LECTIO BREVIS

Copyright 2009, Giuseppe Campagnoli

ISBN 978-1-4457-5659-2

Tutti i diritti sono riservati.

Stampato in Gennaio 2010

INTRODUZIONE.

Questo scritto è il risultato artigianale di una proposta che doveva confluire in un libro da pubblicare alla scadenza degli obiettivi che l'Europa, nella Conferenza di Lisbona del 2000, si era prefissata di raggiungere nell'educazione e nell'istruzione entro il 2010. Il saggio elaborato a "quattro mani" da me e da un amico che ringrazio per avermi accompagnato in questa fatica per oltre un anno e mezzo e che non ha trovato interesse nei nostri blasonati italici editori. I miei capitoli, dopo i numerosi grandi rifiuti, sono stati raccolti in questo saggio, insieme ad altri scritti che ricompongono un racconto della mia vita di architetto, insegnante, dirigente scolastico e consulente del Ministero dell'Istruzione.

Il primo manufatto di appunti e idee per questa specie di antologia è nato durante un viaggio a Bruges, dove l'atmosfera straniera e introspettiva degli intatti quartieri lontani dal suo centro turistico e vacanziero mi ha aiutato a riflettere con distacco dai luoghi italici del mio racconto.

Ne è la prova anche il percorso di significative immagini che correda il testo.

L'idea originaria per un libello in tandem sarebbe stata buona, ma gli editori cui ci siamo rivolti, con la solita ipocrita formula "non rientra nelle nostre attuali linee editoriali" l'hanno bocciata senza appello, salvo aver poi pubblicato libri alla moda sulla scuola, pamphlet costruiti a tavolino da ghostwriters e giornalisti che trattano di scuola *persentitodire*, da scrittori improvvisatisi esperti della materia, trattata spesso come un gossip. Ecco alcuni pedagoghi dilettanti che hanno scritto di scuola (li cito intenzionalmente senza dividere il grano dall'oglio, che è abbondante e invito anche voi lettori a discernere): Daniel Pennac, Paola Mastrocola, Gianfranco Giovannone, Mario Giordano, Giovanni Floris, Paolo Mazzocchini, Andrea Bajani,

Frank Mc Court, Gianni Resti, Chiara Friso, Vittorino Andreoli, Orazio Niceforo...

E la Litizzetto? E Giorgio Faletti? E Bruno Vespa? Che cosa aspettano? Dov'è il loro libro sulla scuola? Io, più realisticamente, ho preferito percorrere la via dell'autopubblicazione per non dover ringraziare nessuno, se non me stesso! Così, questo libro sarà l'ultimo di una trilogia che si è occupata di italiani e cultura e società, di italiani e scuola, di scuola, cultura e architettura.

Spero di poter far giungere le mie idee più lontano possibile.

UN'IDEA DI SCUOLA.

Quando si è condannati a errare nel mare del contingente, sembra che solo il presente sia la guida di tutte le azioni e anche nella scuola, che per principio dovrebbe essere proiettata verso il futuro, con un benefico strabismo rivolto al passato, il consumo e l'effimero si stanno consolidando in connessione con una cultura dell'impresa sempre più in voga.

Mi sto convincendo del fatto che una cattiva strada presa con incertezza oltre dieci anni orsono, nel porre le premesse per una nuova scuola, ora sia invece percorsa con gli estremi liberisti del decisionismo e dell'imperio e con una velocità inaspettata anche per gli amanti della scuola come mercato! Sta prevalendo l'immagine e la comunicazione per la competizione: dalla singola scuola fino a tutti i livelli dell' amministrazione, dove il pensiero unico genera tanti epigoni che gareggiano a essere più realisti del re o della regina forse anche nel timore, visti i tempi *maccartisti*, di essere "dimessi" o peggio.

La scuola da sim-bolica diviene dia-bolica: si accentuano le separazioni linguistiche e fattuali nella pseudopolitica, nella pseudopedagogia e nella pseudoeducazione e gli italiani si dividono idee contrapposte di istruzione, di morale, di educazione: una idea fondata sulla libertà di pensiero e una fondata sulla restaurazione di valori che l'illuminismo, la rivoluzione francese e la costituzione italiana ci avevano illuso di aver superato e cancellato.

L'unica salvezza sarebbe tornare all'essenza del verbo e agire in coerenza con i significati testuali dei fenomeni e della storia, della politica (quella della *polis*) della cultura e della democrazia (quella della libertà, dell'uguaglianza e della fratellanza: parole rivoluzionarie anche solo nell'essere realmente riformatrici).

Nel tentativo di rifare una qualsiasi forma d'istituzione c'è chi può anche glissare sul contenuto (è quello che sta avvenendo) e riplasmare una cosa vecchia, spacciandola per il futuro.

La politica della scena, del risparmio a tutti i costi e la burocrazia, quando vanno d'accordo, sono insuperabili nel giocare con le parole, che insieme alle immagini sono, ahimé, il nuovo oppio mediatico dei popoli del mondo.

Non è citando un generico spirito e una non meglio identificata morale, sottovalutando i principi costituzionali nazionali e universali (globali?) di libertà e uguaglianza, di pari opportunità, di religiosità e laicità che si fondano la nuova società e la nuova scuola. Infatti, la scuola è di per sè navigazione e narrazione. La scuola è luogo di dialogo con la realtà, la storia, la natura e l'altro da sé. Essa è osservazione, riflessione e azione e ancora osservazione. Un diario di bordo di questo cammino di vita è insieme storia e progetto, non una fredda lista di cose da fare, ma nemmeno una semplice apertura di credit.È, invece, traccia di ricerca e scoperta verso tante rotte per altrettanti orienti. Vagheggio la *schola* come *otium*, autonoma e quieta, indifferente perché disinteressata e lontana dai lidi del mercato e dalle catechesi di qualsiasi parrocchia. È questa una idea di scuola introversa, perché dentro ognuno di noi maestri e dentro ogni discepolo si prefigurano mete possibili e probabili: mai presuntuosamente certe, perché pur sempre dentro sono i misteri della natura e dello spirito che si confondono e giocano con tutti noi.

Non uno solo deve allora essere l'approdo non unica e predestinata la meta: molti segni da "in-dicare" e parafrasi per un *divertissement* di citazioni su altre citazioni, in un distillato testuale che propone ulteriori riflessioni migranti verso il futuro, navigando a spirale al di là delle secche delle certezze integraliste fondate sull'utilità del consumo, spesso dissimulata da populismo sedicente libertario e dal liberalismo a *usum delphini* sempre conditi di dogmi e precetti laici o confessionali.

Diceva Ivan Illich:

"credo che l'attuale crisi imponga un ripensamento del concetto stesso di scuola..."

"la politica progressista e il culto dell'efficienza non possono confluire per dare sviluppo alla scuola..."

"ogni scuola come embrione di vita comunitaria...che rifletta la vita della società e sia permeata dello spirito dell'arte, della storia, della scienza..."

"una scuola non fondata sui principi di una ideologia che pone al primo posto la crescita economica comunque..."

"...il dissenso a volte nasconde e a volte scopre le contraddizioni insite nell'idea stessa di scuola..."

"...il dibattito in corso sull'avvenire dell'istruzione, nonostante la sua retorica e il suo clamore è più conservatore di altre discussioni in atto in altri settori della vita pubblica..."

"...gli innovatori dell'istruzione sono convinti che la scuola debba funzionare come un imbuto per i programmi, le indicazioni e le prescrizioni da loro predisposti..."

"una riforma dell'istruzione presuppone un diverso orientamento della ricerca e una diversa comprensione dell'aspetto pedagogico di ogni cultura emergente..."

"...la libertà non può ridursi a scegliere tra varie "merci" preconfezionate..."
"...ciò di cui abbiamo bisogno è un sistema che permetta a ognuno di definire sé stesso apprendendo e contribuendo all'apprendimento degli altri..."

Le citazioni non sono casuali, ma rappresentano tappe fondamentali della mia vita nella scuola. In questo piccolo sforzo letterario c'è una storia semiscientifica e semiseria, ma rigorosamente biografica, per far capire come la scuola di oggi e di ieri abbia contribuito a formare le coscienze degli italiani nel bene e nel male, quando sia stata forte e presente, assente o velleitaria, dogmatica e classista, autoreferenziale o disforicamente eclettica.

UN'AUTOBIOGRAFIA SCOLASTICA.

Non ho frequentato una scuola materna, ma ho avuto insegnamenti materni e paterni, oltre che *bucolici*, avendo vissuto da 0 anni a 11 anni nel giardino della mia casa-scuola, giardino rurale di S.Croce.

Ricordo le passeggiate tenendo al guinzaglio mucche al pascolo che mi salutavano con le loro lingue raspose come enormi cani da passeggio! La scuola elementare fu il naturale proseguimento degli insegnamenti tra natura e cultura, con un padre maestro amante dei numeri e della filosofia e una madre maestra amante della musica e della poesia, ma soprattutto del teatro. I miei fratelli condividevano questa specie di comune educativa familiare che si allargava agli altri allievi che, a piedi, raggiungevano la casa-scuola dalle campagne circostanti e avevano sempre qualcosa da insegnare. La solitudine della natura e del pensiero attraverso il rigore magistrale di mio padre e quello dolce e severo di mia madre hanno qui avuto origine e, in qualche modo, costruito la mia controversa personalità, che ha attraversato la vita in alterne fasi artisticamente trasgressive ed edonistiche o rigorosamente etiche e conformiste.

Solo ora, nella terza età, abbandonando un lavoro sostanzialmente insoddisfacente, sono alla ricerca, attraverso il passato, senza rimpianti, della mia originaria creatività trasgressiva e prepotente! La scuola mi ha sempre accompagnato non come aspetto marginale o strumentale. Ogni luogo e ogni attività è stata sempre legata in qualche modo alla scuola.

Natura e scuola; poesia teatro musica e scuola; architettura e scuola; arte e scuola, amore e scuola! Il privato si è, invece, spiegato in direzione spesso opposta, spesso utilitaristica: a soddisfare solo una delle mie due anime: quella tranquilla e razionale, quella della prosa che consentiva, solo a tratti, di riaffiorare, spesso con prepotenza, all'anima poetica, drammatica, visionaria e passionale che pochi oggi conoscono perché è un mio grande segreto incolpevole e sacro.

La passione per la scuola è legata a episodi importanti della mia vita: un libro, una dedica, affinità platoniche che mai avrebbe potuto essere altrove e che ritrovo in alcuni momenti cruciali di pensiero e di memoria.

La legge del contrappasso mi ha fatto abbinare una vita sentimentale più banale, più prosaica, come a cercare il rovescio della mia medaglia. Viene, comunque, il momento di un'eredità che si costruisce inaspettatamente e consente di coltivare ancora passioni e amori intellettuali.

Un'eclettismo irrequieto che mai si è rassegnato ad affrontare solo una strada.

Con la Scuola sempre e comunque in sottofondo per i miei ricordi di scolaro, di studente liceale, di universitario, di docente, di preside, di uomo.

IL DESTINO IN UN LUOGO.

É proprio in quella scuola rurale della mia infanzia, casa e bottega familiare, che ho iniziato a sbirciare nei titoli della pedagogia praticata e nei discorsi educativi, sedimentando figurazioni, ricordi e creatività, tanto da superare la parentesi classica che rappresenta un punto fermo nei miei ricordi di studio e di crescita, per una proiezione entusiasta, da umanista creativo, nello studio dell'architettura che non consideravo disgiunta dalla mia idea di scuola o di casa o di città o di vita tout court.   Per questo ringrazio i maestri, prima ancora dello spirito che della forma, dell'insegnamento che della pratica progettuale.

I segni continuavano con le prime esperienze architettoniche: la tesi sugli spazi universitari, il progetto per una scuola d'infanzia, per una scuola media ideata e costruita come vero *locus* per maestri e discepoli, condivisa e vissuta.
Poi, la spinta a insegnare l'arte, passando anche da una parentesi, non propriamente ingenua, sulla descolarizzazione del mondo. Quasi un ventennio di architettura fatta e di scuola praticata e pensata, tra superficiali pedagogie rivoluzionarie, didattiche scientifiche, psicologie rampanti e riforme imminenti.

Da sempre convinto anfitrione di una nuova *scuola d'arte* e di un' *arte della scuola*, quando la mente era svuotata da burocrazie quotidiane e pianificazioni scolastico-aziendali, riuscivo a pensare che la memoria del mio primo maestro del fare poeticamente l'architettura, anch'essa, ahimé, divenuta preda del mercato, fosse la stessa del fare scuola. Progettare con la storia e con quell'idea dell'imprevisto prevedibile e poetico, dell'immaginazione e della creatività, fosse l'agire più prossimo alla relazione umana della scuola.

Essa rappresenta, infatti, tuttora il luogo fisico e intellettuale autonomo culturalmente e giammai asservibile a un'efficienza da macchina. Pensare alla pedagogia come architettura della crescita umana attraverso la memoria e la consapevolezza del presente può essere la prospettiva del futuro dove i saperi diventano essenziali, perché appunto fondati sull'instabilità produttiva dell'errare e non sulle certezze senza scampo del dogma e del programma. Attraverso l'insegnamento del fare artistico, che non è programmabile per definizione, ma è mutante e non è anestetico. È, infatti, proiettato in avanti dai sensi, con la spinta della memoria e dei continui momenti di provocazione, a curarsi dell'intelligenza della fantasia e della logica dell'immaginario.

In questo delirio che non si accontenta dell'autonomia prossima ventura, e forse non se ne fida, credo ci sia una speranza di libertà dell'insegnare e dell'insegnare a insegnare che deriva dall'aver progettato con gli allievi e non su di essi e dall'aver raggiunto mete, sempre provvisorie, non banalmente misurabili, ma apprezzabili per gli effetti di crescita personale e di consapevolezza di se stessi e del reale.

Le letture notturne, scampoli di un ossessivo presenzialismo imposto da un ruolo che si distanzia sempre di più dalle aule, mentre si sommerge di carte, mi hanno convinto a riflettere sulle vite dei giovani che ci passano accanto. E vedo adolescenti programmati dai media e dal consumo, ma, purtroppo, anche dalla scuola, che vi si adegua quando non si accorge del suo, ridotto, banale, ruolo addestrativo e si incammina verso un mondo che la chiede sempre più gregaria dell'economia, dell'immagine e della insana competizione che molti oggi chiamano merito. Essa spesso non si accorge neppure del consolidarsi di un'idea di "efficienza, efficacia ed economicità" che piace al mercato globale, perché gli è funzionale quando è diretta da *managers* formato azienda e curata da docenti perfettamente omologati alle scienze e alle tecniche della psicologia e della didattica e alle istanze morali di moda degli sciagurati revival di *dio, patria e famiglia*. Quando non diventa palese strumento di potere per lasciare gli ignoranti all'ignoranza e i poveri alla povertà: lo status quo del liberismo fondato sull'elemosina dei ricchi verso i poveri *sic stantibus*.

Ho provato sgomento nel leggere il futuro della scuola tra le righe del Piano "Goals 2000" e di quello bipartisan del "No child Left behind" del Dipartimento dell'educazione nordamericano dove vengono elencati standards, obiettivi e pianificazioni che noi ancora rincorriamo. Meno sgomento provo nella lettura delle promesse di Barack Obama e qualche speranza anche per la vecchia Europa! Si partiva da uno slogan emblematico: *Schools are strong, safe, disciplined, and drug free* per prospettare la scuola del terzo millennio, annunciare l'educazione globale e un computer su ogni banco!

La mia convinzione è che sia meglio l' errare del dubbio sistematico, di troppe pragmatiche certezze, nella speranza che comunque sia, alla fine, l'uomo a conquistarsi spazi per una autonomia della cultura, dell'educazione e dell'apprendimento, non trascurando comunque l'aspetto positivo di tutti i momenti di crisi e di tensione innovativa né l'uso, puramente strumentale, delle nuove tecnologie.

Chiudere le scuole?

Chiudiamo le scuole. Proponeva Papini nel 1914: una provocazione certo, ma in un contesto storico e politico non dissimile, mutatis mutandis, da quello attuale. Più tardi anche Ivan Illich si sarebbe mostrato sicuro della necessità di descolarizzare la società per rallentarne il deleterio progresso! Che avessero entrambi ragione? La storia degli ultimi trent'anni non va nella direzione del conservare questo baraccone. Ma sono comunque da preservare le buone intenzioni e le buone pratiche anche se spesso ne è lastricata la via per l'inferno!

Scriveva Papini, tra l'altro, nel suo *pamphlet*:

"...Ma cosa hanno mai fatto i ragazzi, gli adolescenti, i giovanetti e i giovanotti che da sei fino ai dieci, ai quindici, ai venti, ai ventiquattro anni chiudete tante ore del giorno nelle vostre bianche galere per far patire il loro corpo e magagnare il loro cervello?"

"Noi sappiamo con assoluta certezza che la civiltà non è venuta fuor dalle scuole e che le scuole intristiscono gli animi invece di sollevarli e che le scoperte decisive della scienza non son nate dall'insegnamento pubblico ma dalla ricerca solitaria disinteressata e magari pazzesca di uomini che spesso non erano stati a scuola o non v'insegnavano".

"Sappiamo ugualmente e con la stessa certezza che la scuola, essendo per sua necessità formale e tradizionalista, ha contribuito spessissimo a pietrificare il sapere e a ritardare con testardi ostruzionismi le più urgenti rivoluzioni e riforme intellettuali".

"Le scuole, dunque, non son altro che reclusori per minorenni da istruire per soddisfare a bisogni pratici e prettamente borghesi. Quali? Per i genitori, nei primi anni, sono il mezzo più decente per levarsi di casa i figliuoli che danno noia. Più tardi entra in ballo il pensiero dominante della "posizione" e della "carriera". Per i maestri c'è soprattutto la ragione di guadagnarsi pane, carne e vestiti con una professione ritenuta "nobile" e che offre, in più, tre mesi di vacanza l'anno e qualche piccola beneficiata di vanità. Aggiungete poi a questo la sadica voluttà di potere annoiare, intimorire e tormentare impunemente, in capo alla vita, qualche migliaio di bambini o di giovani".

"Aggiungete che sulle scuole ci mangiano ispettori, presidi, bidelli, preparatori, assistenti, editori, librai, cartolai e avrete la trama completa degli interessi tessuti attorno alle comunali e regie e pareggiate case di pena. Nessuno - fuorché a discorsi - pensa al miglioramento della nazione, allo sviluppo del pensiero e tanto meno a quello cui si dovrebbe pensar di più: al bene dei figliuoli. Le scuole ci sono, fanno comodo, menano a qualche guadagno: ficchiamoci maschi e femmine e non ci pensiamo più.

L'uomo, nelle tre mezze dozzine d'anni decisive nella sua vita (dai sei ai dodici, dai dodici ai diciotto, dai diciotto ai ventiquattro), ha bisogno, per vivere, di libertà. Libertà per rafforzare il corpo e conservarsi la salute, libertà all'aria aperta: nelle scuole si rovina gli occhi, i polmoni, i nervi (quanti miopi, anemici e nevrastenici possono maledire giustamente le scuole e chi l'ha inventate!)

Libertà per svolgere la sua personalità nella vita aperta dalle diecimila possibilità, invece che in quella artificiale e ristretta delle classi e dei collegi. Libertà per imparare veramente qualcosa perché non s'impara nulla di importante dalle lezioni ma soltanto dai grandi libri e dal contatto personale colla realtà.

Nella quale ognuno s'inserisce a modo suo e sceglie quel che gli è più adatto invece di sottostare a quella manipolazione disseccatrice e uniforme ch'è l'insegnamento.

Nelle scuole, invece, abbiamo la reclusione quotidiana in stanze polverose piene di fiati - l'immobilità fisica più antinaturale - l'immobilità dello spirito obbligato a ripetere invece che a cercare - lo sforzo disastroso per imparare con metodi imbecilli moltissime cose inutili - e l'annegamento sistematico di ogni personalità, originalità e iniziativa nel mar nero degli uniformi programmi."

"La scuola fa molto più male che bene ai cervelli in formazione. Insegna moltissime cose inutili, che poi bisogna disimparare per impararne molte altre da sé. Insegna moltissime cose false o discutibili e ci vuol poi una bella fatica a liberarsene - e non tutti ci arrivano.

Abitua gli uomini a ritenere che tutta la sapienza del mondo consista nei libri stampati. Non insegna quasi mai ciò che un uomo dovrà fare effettivamente nella vita, per la quale occorre poi un faticoso e lungo noviziato autodidattico."

"Quasi tutti gli uomini che hanno fatto qualcosa di nuovo nel mondo o non sono mai andati a scuola o ne sono scappati presto o sono stati "cattivi" scolari. (I mediocri che arrivano nella vita a fare onorata e regolare carriera e magari a raggiungere una certa fama sono stati spesso i "primi" della classe). La scuola non insegna precisamente quello di cui si ha più bisogno:

appena passati gli esami e ottenuti i diplomi bisogna rivomitare tutto quel che s'è ingozzato in quei forzati banchetti e ricominciare da capo".

"È meglio non saper né leggere né scrivere che saper leggere e scrivere, e non essere capaci d'altro". E più giù: "Chiunque è passato per tutti i gradi regolari d'una educazione classica e non è diventato stupido, può vantarsi d'averla scappata bella".

"La scuola è così essenzialmente antigeniale che non ristupidisce solamente gli scolari ma anche i maestri. Ripeti e ripeti anni dopo anni le medesime cose, diventano assai più imbecilli e immalleabili di quel che fossero al principio - e non è dir poco. Poveri aguzzini acidi, annoiati, anchilosati, vuotati, seccati, angariati, scoraggiati che muovon le loro membra ufficiali e governative soltanto quando si tratta di aver qualche lira di più tutti i mesi! Si parla dell'educazione morale delle scuole.

Gli unici risultati della convivenza tra maestri e scolari è questa: servilità apparente e ipocrisia dei secondi verso i primi e corruzione reciproca tra compagni e compagni. L'unico testo di sincerità nelle scuole è la parete delle latrine. Bisogna chiuder le scuole - tutte le scuole. Dalla prima all'ultima. Asili e giardini d'infanzia; collegi e convitti; scuole primarie e secondarie; ginnasi e licei; scuole tecniche e istituti tecnici; università e accademie; scuole di commercio e scuole di guerra; istituti superiori e scuole d'applicazione; politecnici e magisteri.

Dappertutto dove un uomo pretende d'insegnare ad altri uomini bisogna chiuder bottega. Non bisogna dar retta ai genitori in imbarazzo né ai professori disoccupati né ai librai in fallimento. Tutto s'accomoderà e si quieterà col tempo. Si troverà il modo di sapere (e di saper meglio e in meno tempo) senza bisogno di sacrificare i più begli anni della vita sulle panche delle semiprigioni governative.

Ci saranno più uomini intelligenti e più uomini geniali; la vita e la scienza andranno innanzi anche meglio; ognuno se la caverà da sé e la civiltà

---

non rallenterà neppure un secondo. Ci sarà più libertà, più salute e più gioia. L'anima umana innanzi tutto.

È la cosa più preziosa che ognuno di noi possegga. La vogliamo salvare almeno quando sta mettendo le ali. Daremo pensioni vitalizie a tutti i maestri, istitutori, prefetti, presidi, professori, liberi docenti e bidelli purché lascino andare i giovani fuor dalle loro fabbriche privilegiate di cretini di stato.

Ne abbiamo abbastanza dopo tanti secoli.

Chi è contro la libertà e la gioventù lavora per l'imbecillità e per la morte".

Occorre riflettere su queste profetiche parole.

DIBATTITO E VERITÀ.

Molti dei nostri giornalisti rampanti, professori frustrati, ghostwriters, hanno negli ultimi tempi dato sfogo alle loro pulsioni mediatiche parlando e scrivendo di scuola: saggi, romanzi, articoli di giornale, talk show e reportages.

Ho provato a leggerne alcuni con la speranza di aggiungere informazioni o di divertirmi un po' a sentire i racconti sulla scuola "dal di fuori" (il giornalista, il professore, il politico, il filosofo...)

Dopo le prime pagine piene di speranze per le future, ti viene una lettura in diagonale - come diceva Manfredo Tafuri (architetto,studioso e filosofo) dovessero essere letti molti libri all'80% inutili -: la prima parola della prima riga, la seconda della seconda e così via fino a comprendere miracolosamente il senso o il non senso di tutto il volume (ridondante? logorroico?) in metà tempo e con una compassione profonda per l'entusiasmo di molti lettori ingenui biblio-consumisti. Così nei libri, scandalistici, moralisti, statistici, umoristici, *sentimentaladolescenziali.*

È il risultato della moda che passa e di un retrogusto di enorme confusione nel pubblico, come tra gli addetti ai lavori che non sanno più se sono colpevoli o vittime di un sistema più grande di loro.

A questo punto occorre porre un'altra riflessione.

Basta osservare attentamente gli attori che da sempre recitano nel teatrino scolastico:

- I politici;
- I burocrati;
- Gli amministratori locali;
- I presidi;
- I docenti;
- Il personale non docente;
- Gli alunni;
- I genitori;

- I dotti e i sapienti *grilli sparlanti;*
- Gli ispettori supponenti, inquirenti e inconcludenti;
- I pedagoghi, gli psicologi, gli psicopedagogisti e i sociologhi e tutti gli altri - loghi di questo mondo affollato;
- I ministri presuntuosi e incompetenti.

Completate voi la lista.

RITI E CERIMONIE.

L'essenza dei mali della scuola, delle sue burocrazie e degli stereotipi è visibile nei riti che si replicano e che rappresentano la spia di una scuola malata.

1 Settembre: l'auditorium della scuola è affollato, molti gruppetti di docenti abbronzati discutono animatamente: si sentono racconti di vacanze e acconti di lamentele per l'anno che sta per iniziare. Entrano il Preside e la sua corte con circa tre quarti d'ora di ritardo e si siedono al tavolo della presidenza.

1 Settembre: la sala delle Comunicazioni al Ministero 2 è semivuota, qualche borsa appoggiata qua e là, gruppetti di persone che chiacchierano nel corridoio esterno. Sono già trascorsi trenta minuti dall'ora stabilita. Al tavolo della presidenza, già in posizione, due mega direttori generali, qualche ispettore e funzionario. La riunione è fissata dalle 10 alle 13: debbono arrivare convocati da tutta Italia: sono già le 11 e la sala è ancora in attesa.

5 Settembre: la sala è già piena. Qualcuno arriva trafelato alla spicciolata e prende posto. Il Direttore Generale Regionale è sul suo scranno attorniato dallo staff di ispettori, funzionari, dirigenti, sagrestani e scruta la platea, mentre di fronte a lui si forma un capannello di questuanti e di presenzialisti.

La riunione doveva iniziare da mezz'ora...

15 Settembre: il professore è in cattedra, l'aula è semivuota e stanno entrando i primi studenti con 10 minuti di ritardo e già sono a pistolare col cellulare (proibito) o a imbellettarsi fissando attentamente lo specchietto (tollerato).

I riti si ripetono immutabili nel tempo, le cose che si dicono, sono sempre le stesse, i ruoli e le gerarchie restano, sfumati ma persistenti.

Un cambiamento nel tempo, però, c'è stato.

Nel bene e nel male il protagonismo si sta evolvendo al femminile: ministre in performance su *You Yube*, direttrici generali rare ma spumeggianti, fantasmagoriche, efficienti simboli viventi della managerialità pubblica emergente; dirigenti scolastiche rampanti pronte a fare da coreute al Direttore Generale di turno che stigmatizza, cito testualmente, il cachinnare dei tempi moderni e le onora dell'appellativo di *ancillae* domini; docenti prese dal furore della pedagogia e della modernità; studentesse di successo, ferocemente competitive e irraggiungibili nelle *performances* da compagni di classe sempre più avviliti.

Falsi femminismi e maldestra emancipazione anche nella scuola.

Sono le *movidas* delle platee scolastiche e, se il buongiorno si vede dal mattino, non vi risparmio il racconto di queste *performances* che sono la spia, il risultato ma anche una delle tante cause del malessere scolastico. Per non parlare dei look da donne in carriera!

Questi rituali si replicano da decenni a diversi livelli e in differenti occasioni.

Il Capo ripescato dalla pensione perché allineato col Ministro saluta l'ennesimo nuovo corso della scuola italiana e i suoi proconsoli regionali a difesa del pensiero unico del "presidente-maestro", anche qui rappresentato dall'ennesima *ancilla* ministra.

Imperativi sui risparmi, sul rigore, sul rispetto di tempi e regole...

Ancora una volta nessun nuovo serio progetto, ma lodi all'innovazione: il maestro unico, il 5 in condotta, i voti in decimi!!!

Ispettori vagano con i loro borsoni in mano (ma cosa conterranno?) da un lato all'altro della sala, mentre si percepisce un'attesa nei loro sguardi per un ruolo finalmente non più da mercenari del Mecenate politico di turno o del Direttore illuminato. In un altro luogo, il manager della scuola regionale esordisce sbalordendo la platea con una raffica di citazioni latine alternate da rare sintassi nella lingua madre e qualche arcaismo da Accademia della Crusca mentre, con paludato autoincenso, snoda il rosario del "suo" Progetto culturale per la sua scuola, nella sua regione-laboratorio.

Tutti gli astanti (anche quelli che dondolano il capo in avanti in segno di obbedienza) sanno essere, invece, solo una celebrazione dei narcisismi ministeriali.

In questi microcosmi c'è tutta la scuola italiana, ma anche il costume e l'habitus degli italiani dabbene di leopardiana memoria. Persino nelle scuole le sceneggiate continuano.

Il Preside avvia la sua allocuzione per una platea distratta e già stanca ancor prima di iniziare con un discorso *dèjà entendu* sulle novità ministeriali, raccomandando di essere seri e rigorosi, ma pur sempre con un occhio vigile al calo degli iscritti e a scongiurare la perdita di posti di lavoro.

La platea si risveglia a ogni frase che contenga questioni economiche o sindacali, mentre guarda da un'altra parte o bisbiglia o esce e entra per fumare alla spicciolata quando si discutono il calendario scolastico, il programma delle attività, l'ora di 50 o 60 minuti! (rara applicazione nel quotidiano della teoria della relatività!)

AUTONOMIA O GERARCHIA?

La scuola cosiddetta dell'Autonomia deve fare ancor oggi i conti con una gerarchia che replica poteri a tutti i livelli, genera automatismi nel funzionamento e scarsissima libertà di decisione.

Vige ancora la burocrazia del controllore e non quella della responsabilità, quella dell'adempimento e non quella del risultato.

A fronte di risorse quasi nulle, organici fluttuanti, ma sempre più ridotti e ingessati, edilizia allo stremo e senza alcuna qualità, resiste una èlite amministrativa statale travestita da moderna managerialità che scimmiotta modelli di gestione anglosassoni senza aver modificato di uno spillo la fisionomia della scuola.

Le Regioni, nella maggior parte dei casi ignoranti di scuola, con risorse umane riciclate da altri settori, si occupano maldestramente di pianificazione territoriale dei servizi scolastici, del calendario scolastico e di foraggiare, spesso in modo clientelare, quelle attività delle scuole che alimentano una perniciosa *progettite* che ingoia risorse distribuite a pioggia con risultati difficilmente verificabili.

E, nel frattempo, si simula cultura attraverso la cura dell'immagine e della visibilità a tutti i costi, per consolidare o migliorare le rendite di posizione dei dirigenti ministeriali illuminati, ma pur sempre politicamente sponsorizzati.

Si inventano progetti, manifesti, concorsi, protocolli d'intesa, corsi di formazione sostanzialmente inutili perché non controllabili nei risultati e nelle ricadute, a breve e lungo termine, sui comportamenti, sulle modificazioni nelle metodologie di insegnamento e, quindi, sull'apprendimento di chi vi partecipa.

Imperversano in questo clima sovrastimati e superpagati formatori, opinabili studiosi e ricercatori, cervelli emigrati altrove che trovano l'"America" in Italia pur essendo sovente degli sconosciuti. Tutto ciò gratifica pochi ingenui volontari che ancora credono alle favole psicopedagogiche e sociali di gran di moda, mentre si preparano trampolini per molti arrampicatori stanchi o incapaci di insegnare, alla ricerca di vie brevi per il successo o per appuntarsi medaglie per carriere immeritate. In una tale *deregulation*, l'amministrazione statale funge sostanzialmente da passacarte senza alcuna vera capacità di coordinamento o di promozione, mentre quella regionale che dovrebbe nella mente dei legislatori assumere la *governance* del sistema scolastico si sta occupando solo di pochi spiccioli clientelari, di aprire e chiudere scuole secondo le necessità elettorali e di giocare col calendario scolastico! Il passaggio dai Provveditorati, che erano le mamme e talvolta le suocere dei presidi e dei direttori didattici, agli Uffici Scolastici Regionali (nella mente contorta dei legislatori tanti piccoli ministeri regionali) accanto a una autonomia scolastica zoppa, ha condotto a una confusione evidente di ruoli e ha svuotato di poteri l'amministrazione periferica, lasciando le scuole in una splendida autarchia moltiplicatrice di contenzioso.

L'autonomia scolastica poteva essere la chiave del problema se fosse stata reale e dotata di strumenti di decisione, se il Ministero a livello centrale avesse veramente avuto la funzione di programmazione, indirizzo e controllo, condivisa a livello regionale con strutture uniche, efficienti e veramente di supporto alle scuole.

Ministri supponenti, sindacati opponenti a ogni costo, presidi manager, amministratori clientelari e funzionari ministeriali presi dalla conservazione della poltrona, si sono riempiti la bocca dell' autonomia; hanno speso patrimoni per seminari e convegni autocelebrativi, ma sostanzialmente masochisti, senza rendersi conto che sono sempre mancati gli aggettivi capisaldi per una vera libertà della scuola: culturale, ideologica, politica, finanziaria, gestionale. In realtà, le scuole hanno dovuto fare ciò che altrove si decideva senza adeguate risorse e con l'illusione di essere in piena libertà d'azione. La cattiva burocrazia non cede il suo potere e moltiplica adempimenti e illude che non vi sia più il controllo ottuso delle procedure, mentre non c'è modo di incidere sui risultati e i presidi aprono banchetti agli angoli delle strade offrendo gadget e promozioni a che si iscrive alla sua scuola

Una guerra tra poveri: veramente la scuola della miseria, non solo tra le scrivanie, ma anche tra i banchi. Leggiamo degli attacchi alla scuola di genitori sempre iperprotettivi e litigiosamente propensi a dare lavoro al TAR, leggiamo sgomenti dei trasgressivi video scolastici immessi nel circuito *voyeristico* di internet, del bullismo, del *burn out* degli insegnanti, di presidi con i numeri degli avvocati in tasca!

Ma non sarà con le *boutades* del Ministro di turno che un problema così grande potrà essere risolto! La politica attuale per la scuola, a tutti i livelli, è quella del levare che, per paradosso, aumenta con il decentrare invece di rendere le risorse più mirate e più abbondanti, proprio perché il decentrare senza autonomia è solo una specie di abbandono al fai da te di scuole sempre più indigenti. La *devolution* tanto cara agli egoismi padani applicata alla scuola oltre che all'economia, al fisco e all'amministrazione in generale, nella storia italiana di colonizzazione del Sud da parte del Nord non farebbe altro che moltiplicare le differenze e aumentare povertà e ignoranza nel meridione a vantaggio del nord arricchito grazie all'immigrazione interna ed esterna e all'accumulo delle razzie perpetrate nel mezzogiorno fin dall'invasione sabauda.

RICCHEZZA E NOBILTÀ DELLA SCUOLA.

L'empietà verso la scuola è l'idea che, per il controllo politico, si debbano rendere inefficaci i capisaldi del rinnovamento:

☐ Leggerezza dell'istituzione,
☐ Autonomia libera dalle procedure ma qualificata nelle finalità,
☐ Risorse certe e adeguate,
☐ Valutazione del lavoro e dei risultati,
☐ Pari opportunità e merito per tutti: studenti, personale docente e non docente, dirigenti scolastici, tecnici, amministrativi, direttori generali.

Leggerezza come essenzialità di ordinamenti, curricoli, regole.

Autonomia come libertà di scelta dei dirigenti e degli insegnanti nell'applicazione rigorosa dei principi costituzionali ancora inattuati e secondo gli indirizzi generali nazionali a essi ispirati.

Risorse come soddisfazione piena dei bisogni di budget, di edifici, di capitale umano e sociale, di ricerca e di innovazione.

Valutazione come garanzia del raggiungimento degli obiettivi e delle finalità sociali della scuola attraverso la condivisione di regole di percorso e di finalità.

Merito come segno di rispetto e applicazione del diritto e dovere costituzionale all'educazione all'istruzione che ne fa il presupposto della cultura, della politica, del lavoro, della conoscenza.

FORMARE, ISTRUIRE, SPERIMENTARE AGGIORNARE, VALUTARE, CLASSIFICARE, BOCCIARE TUTTO E TUTTI.

Le giaculatorie per glorificare nel tempo i ricorrenti progetti sperimentali e di formazione del personale della scuola e quelli di riforme più o veno velleitarie, sono la storia degli ultimi trent'anni! Ogni governo si è adoperato per costruirsi un monumento alla memoria su queste parole-chiave.

Ne sono uscite cose buone, meno buone e pessime. Le cose buone sono state in genere abbandonate, quelle pessime sono state spesso messe in pratica, generando disastri epocali.

La formazione di allievi, maestri e direttori non è, infatti, né quella che vogliono gli insegnanti o i presidi, né quella dei politici e dell'*estabilishement burogratico o neuropsicopedagogicante* (passatemi il neologismo).

Dovrebbe essere, invece, quella necessaria a dare risposte alle istanze di conoscenza e di applicazione della vita e della società nell'idea più democratica e sostenibile possibile: non quella effimera e speculativa del mercato e della globalizzazione, ma quella dell'uomo, della solidarietà, della natura e della scienza usata *con juicio*.

Ma in questi momenti di profonde mutazioni, che passano, ahimè, ancora per ridondanti letture burocratiche e adempimenti incalzanti, non è concesso il tempo di soffermarsi a riflettere. Appare allora utile affrontare le parole calde del valutare in una specie di *brainstorming* in rete, più per evocazione che per filosofare o proporre ennesimi saggi propositi.

I modelli valutativi possibili pare si possano raggruppare in due grandi famiglie antagoniste: quella fenomenologico-narrativa o "della persona" e quella positivista e docimologica o "del prodotto".

Il trionfo ancora non celebrato della scuola efficiente e produttiva ha un'origine stigmatica dalla prima (e non ultima) bacchettata economica dell' O.C.S.E. nei confronti dell'Italia e dell'infondato ma crescente complesso di inferiorità della cultura mediterranea nei confronti di quella anglosassone, mitteleuropea e anche più semplicemente esotica. Il pensiero politico sedicente avanzato pretende di eliminare i formalismi burocratici, sostituendoli con formalismi tecnocratici ed efficientisti, dove il problema principale non è la crescita dell'uomo, ma l'occupazione e il servizio alle imprese e la scuola non è *magistra vitae* ma luogo di garanzia per le conoscenze, le competenze e le capacità che il mercato unico globale richiede, in un eccesso di liberalismo che diventa pernicioso liberismo.

Per fortuna la globalizzazione economica, che tutto pretende di assorbire e asservire, sta mostrando le prime crepe politiche e ideologiche.

Il mio punto di vista non è reazionario e conservatore nel senso di non credere che debbano esserci cambiamenti nella scuola. È forte la convinzione che le riforme debbano essere auto-riforme leggere e diffuse in modo reticolare e non gerarchico, per ampia convinzione e condivisione nel ritenere il momento educativo un dialogo tra soggetti, un racconto pieno di imprevisti e la valutazione un processo di reciprocità e di consapevolezza di sé e del mondo, e della storia, non una osservazione *ex-cathedra* e un giudizio *ex-technica*.

In questo contesto di innovazioni reali o apparenti, possibili o pretestuose, appare poco realistico il *trasfert* dalle discipline economiche che va oltre il linguaggio, fin dentro la sostanza del fare scuola.

Si va affermando una pericolosa identità tra processi e percorsi, cercando di valutare i primi per sottovalutare i secondi, con gli apporti perniciosi di certo psicologismo che complica e rende virtuale o patologico ciò che è nella natura delle diversità e di una diffusa docimologia che pretende di misurare anche il rapporto educativo rendendolo semplicistico e legato ai "quanti" e non anche ai "quali".

A questo punto è importante la memoria del *valere*, contrapposta al *validum facere*.

La bontà generica di alcuni principi come quelli della continuità educativa dell'autovalutazione e della necessità di poter spendere nella vita ciò che si è appreso, si scontra nella prassi di contesto educativo ancora segmentato e sostanzialmente obsoleto o l'introduzione di un esame di stato conclusivo del percorso secondario superiore, con connotazioni a volte contraddittorie tra le pretese oggettive di valutazione, i rigidi schemi di misurazione e l'imprevisto di un cammino educativo che valorizza e valuta anche l'errore come erranza e ricerca e che nel dialogo tra persone può emergere e veramente valorizzarsi.

L'esigenza del mercato dell'istruzione e della persona intesa essa medesima come bene che non si consuma non potranno mai coincidere.

Sarà, comunque, quella stessa persona, divenuta colta, abile, aperta, a trovare la sua via esistenziale e il suo ruolo per la collettività, intesa anch'essa come insieme di persone, non di interessi economici su cui un certo liberalismo, ahimè, trasversale, in tutti i campi è fondato.

In questa accezione anche la valutazione si fonda sulla furbizia e sulla prevaricazione, nelle gare di mercato e non sulla saggezza e sull'impegno disinteressati e autenticamente autonomi. Si tratta di una valutazione "su" non "con" il soggetto che diventa così inevitabilmente oggetto.

Nel significato della terminologia è anche l'essenza dell'azione valutativa.

Essa può essere condivisione della propria identità e della propria comune competenza tra docente e discente oppure una modalità tecnica di fissare temporanei momenti di consuntivo tra debiti e crediti storicizzati e circoscritti, senza che siano considerati episodi di un continuum narrativo, orientante ed educante.

La cosiddetta autovalutazione può essere, invece, dialogo crescente e ricerca reciproca, processo non lineare e gerarchico ma reticolare e anche eccentrico.

Può essere un processo di acquisizione di valori e non meramente crescita tecno-fisiologica o accumulo di competenze che determinano solo l'invecchiamento della persona e dell'apprendere.

Quale nesso vi può essere tra la consapevolezza di sé e del mondo e quell'immagine oggettiva cha la nuova società economica pretende come fotografia del sapere e del saper fare, utilitaristica chiave di volta per il lavoro ed il mercato? La globalizzazione dei problemi e degli interessi fa perdere la vera autonomia che è quella intellettuale e culturale a vantaggio di una autoregolamentazione delle procedure insite nell'insieme di sistemi dell'istituzione scuola per un servizio che garantisca un prodotto di qualità per efficacia, efficienza ed economicità.

Tutto il contesto valutativo dell'offerta formativa, della professionalità docente e non docente, disillusi passeggeri del Caronte traghettatore verso un "nuovo" indotto da altri, punta diritto alle concezioni pragmatiche di una scuola ingenuamente funzionale e pericolosamente classificatoria in tutte le sue componenti, innescando perniciosi processi di competizione e di autopropaganda.

Così si favorirà la spinta a un concetto di qualità mutuato dall'organizzazione aziendale e tristemente già sperimentato altrove, dove la qualità diventa di fatto una travestita quantità, l'unica che può essere misurata da griglie, test e questionari.

Tutto ciò, per perseguire la garanzia del successo formativo e scolastico che rende ambigua la libertà di scelta dell'individuo a decidere del proprio progetto di vita ,anche, per assurdo verso insuccessi dell'"attitudine al lavoro" a vantaggio del successo della persona.

Si formerà persona, a questo punto, più consapevole ma anche connotata da maggior flessibilità: quella che può solo dare l'essenza dei valori acquisiti per conoscenze fondate e capacità, spiritualmente profonde, di ricerca verso scoperte non definite e definitive.

In una teoria storica semplificata, il modo di concepire la scuola si è fatto prima prevalentemente mistico e poi umanistico, quindi razionale e illuminato, poi ancora spirituale e infine scientifico, tecnico e tecnologico per diventare e consolidarsi come tecnico ed economico, riducendo anche il fare artistico e la creatività, virtù trasversali e divergenti, a fenomeni economici, globalizzati e tesi al successo a tutti i costi, anche a costo dell'ignoranza che, tutto sommato, fa gran comodo al potere, soprattutto quando usa i mezzi di comunicazione a man bassa.

Occorre pensare che, invece, l'uomo alla fine non muterà mai nell'essenza: quello che muta è, passatemi la parola, l'interfaccia con il reale e le sovrastrutture che non è assodato siano buone per sé stesso quando lo siano per il mercato. Se l'uomo che insegna e quello che apprende sono cambiati è nel rapporto con un reale fisico che si fa sempre più virtuale ma non virtuoso: del resto i loro comportamenti sono sorprendentemente gli stessi descritti anche da Socrate per bocca di Platone.

Che gli strumenti valutativi allora restino strumenti indifferenti ma limitati a episodi e non determinanti, ma aperti, rispetto ai fondamenti dialogici dell'educazione e dell'istruzione. Così potranno comunque far trasparire la loro vera qualità durante il racconto di cose fatte, di emozioni condivise e di conoscenze profondamente scoperte ed assimilate ma anche creativamente utilizzate all'occorrenza dell'esercizio e della vita.

In un contesto di valenze e misure suggerite per rendicontare tutto, dal sapere all'essere, sfugge che nella scuola l'essenziale è l'uomo come pluralità di soggetti: che apprende, che insegna, che guida senza dipendenze ma con relazioni e reciproche narrazioni e non certamente attraverso il giudizio interessato dei clienti e le pagelle!

Da qui e solo da qui può avere luogo una riforma autorigenerante.

L'assenza di entusiasmo innovatore fa ricadere su se stesso qualsiasi movimento indotto dall'esterno in un riavvolgersi inerte e ad libitum.

Nessuna riforma *ex machina* potrà avere successo; lo dicono anche i discorsi attuali delle genti della scuola militante che anelano a quel nuovo che fa tesoro della memoria positiva e della storia, di quel quid che è al di sopra delle parti e per fortuna non rischia l'obsolescenza.

Se poi non ci si muove con giudizio avremo già le prime giuste sentenze lapidarie sugli accanimenti pedagogici delle sperimentazioni indotte dall'alto o sulle resistenze di docenti che si sentono cavie impreparate per le nuove incombenze proposte nella buona fede di innescare giusti e tardivi progressi ovvero precoci e pericolosi esperimenti *in vitro* avviati, a mio parere, senza lasciar tempo alla necessaria, laboriosa, comune riflessione.

Sono le ipocrisie di un presuntuoso rinnovamento, in una autonomia che può tranquillamente essere ancora autoreferenzialità o guinzaglio lungo di un centralismo del sapere che manifesta nel tempo le sue multiformi apparenze, funzionali sovente ad una idea aliena al mondo della scuola?

La vera rivoluzione, se ha da essere, può avere origine solo dalla storia del pensiero libero che si evolve, facendo tesoro dei successi della pratica, e delle conoscenze dello studio, dal confronto continuo sul campo, nella scuola che e-duca ed in-segna non in quella che ad-destra alla competizione ed alla prevaricazione.

Guai alle traslazioni disciplinari mascherate da utile contributo, anche solo linguistico: budegt, know-how, interazione, ottimizzazione, approccio, obiettivo, programma, motivazione, delega, modello e ancora, orrore degli orrori: diagnosi, competitività, strategia.

Sta diventando una babele perniciosa e ogni dialogo si dovrà avviare con una preventiva, spesso inutile, traduzione.

Guai a valutare chi ha valore, ma non può farsi valere per mancanza di orientamento, di ruolo, di strumenti, di risorse e di convinzione.

Propongo una migrazione attraverso il repertorio storico delle buone cose della scuola e un'antologia ragionata dei punti fermi che possano aiutarci a concepire la qualità come essenza, a perseguirla senza schemi e programmi quando essa si "muove" e si evolve. Sarà allora più facile valutarla come valore anticonformista e non come convenzionale validità.

La ricerca è ancora aperta perché le certezze non possono esistere in campi che intersecano il fisico e il metafisico, l'etico e l'estetico e sono, come l'uomo, in continuo divenire.

UN CONATO DI RIFORMA LUNGO QUARANT'ANNI!

Cito da: "Un patto per la scuola", stilato già da qualche anno come proposta trasversale al di fuori delle ideologie:

1. Noi pensiamo che le decisioni sul sistema educativo di istruzione e formazione debbano essere escluse, esplicitamente e in modo condiviso, dalla logica dello scontro politico che ha segnato questo decennio, con interventi di natura legislativa continui e contrapposti: prima di tutto, perché la formazione è un bene comune da salvaguardare e sviluppare; in secondo luogo, perché l'esperienza ha mostrato che gli effetti delle riforme sono visibili solo ben oltre l'arco di una legislatura. Per questi motivi occorre individuare punti di intesa sugli snodi fondamentali e impegnarsi a raggiungere e mantenere l'accordo fino a che gli obiettivi siano stati raggiunti.

2. I falliti tentativi di realizzare una riforma che modifichi l'intero assetto del sistema e lo determini sino ai minuti dettagli, suggeriscono di adottare una logica "leggera" di promozione delle innovazioni, con una cornice normativa organica ma flessibile, che fissi i punti essenziali e preveda la possibilità di modifiche successive.

3. Per questi motivi, chiediamo a tutte le forze politiche di impegnarsi a trovare un'intesa sulle priorità, superando la logica del muro contro muro a sviluppare l'intesa anche a livello regionale, in un quadro di collaborazione con gli enti locali a mantenerla fino al raggiungimento degli obiettivi concordati, indipendentemente dalle variazioni del quadro politico.

I punti essenziali:

1. Dare significato alla formazione:

La premessa ad ogni decisione operativa è l'accordo sul fatto che la scuola è un luogo dotato di significato, e in grado di dare significato all'apprendimento, attraverso una collaborazione e una valorizzazione delle diverse agenzie educative presenti a vario titolo nella società, dalla famiglia alla Rete, alla comunità anche per contribuire a contrastare, con uno sforzo comune, il disagio giovanile.

2. Più formazione, in più luoghi, per tutta la vita:

Ai giovani di oggi, adulti di domani, sarà chiesto di avere una formazione più elevata e più diversificata nei contenuti e nei livelli. E' ormai un fatto irreversibile il passaggio dalla sola formazione iniziale a una formazione nel corso della vita, che riconosce e valorizza i saperi non accademici, e moltiplica le occasioni di accesso al sistema formativo in tempi e luoghi diversi, anche non formali. La formazione nel corso della vita, per tutti e in tutte le sue accezioni, è la scommessa da vincere.

3. Più autonomia, più responsabilità:

E' necessario realizzare e incentivare la piena autonomia delle istituzioni scolastiche, attribuendo alle scuole poteri reali in materia di organizzazione del curricolo e utilizzo delle risorse umane e finanziarie: il Ministero per parte sua conserverà e potenzierà i propri compiti fondamentali di indirizzo, controllo e ricerca garantendo i livelli essenziali delle prestazioni. Le scuole dovranno rendere conto del proprio operato ad un forte sistema di valutazione che opererà come agenzia indipendente

4. Per un sistema educativo nazionale più articolato:

Passo essenziale per una valorizzazione reale delle diverse proposte formative è la piena attuazione della parità scolastica, che realizza le condizioni per il diritto di scelta delle famiglie. In questo modo si contribuirà fra l'altro all'innalzamento della qualità dell'offerta formativa di tutto il sistema scolastico nazionale, composto da scuole pubbliche statali e paritarie.

Altrettanto importante, nel quadro delle innovazioni costituzionali e tenendo conto della pluralità della domanda formativa, è assicurare le intese necessarie ad una migliore integrazione tra istruzione, formazione e lavoro, e le condizioni per assicurare equivalenza tra il sistema di istruzione e il sistema di istruzione e formazione professionale delle Regioni.

5. Più competenze, meno dispersione:

E' necessario puntare su di un miglioramento delle competenze fondamentali, attraverso una formazione di base più qualificata e più vicina ai diversi bisogni degli utenti, ma soprattutto attenta allo sviluppo integrale della persona: deve esserci una maggiore integrazione fra indirizzi e livelli, e fra scuola e formazione; è necessario un potenziamento della cultura tecnica e scientifica, con maggiori connessioni con il mondo del lavoro. L'utilizzo sistematico delle nuove tecnologie non può essere solo strumentale, ma segna una diversa concezione dell' apprendimento. La scuola dovrà essere più equa e meno egualitaristica.

6. Una didattica nuova:

Il miglioramento passa da una nuova organizzazione didattica, con indirizzi e standard fissati centralmente, e la possibilità per le scuole di raggiungere con modalità diverse gli obiettivi stabiliti. L'intero sistema di orientamento va ripensato, per consentire alla scuola di rispondere alla domanda delle persone e del mercato del lavoro. Deve essere chiaro che l'innalzamento della qualità media e l'eccellenza non sono obiettivi contrapposti.

7. Più risorse, meno sprechi:

L'innovazione ha un costo, che va stimato e previsto. L'edilizia scolastica, che in alcuni luoghi è inadeguata e obsoleta, richiede un organico piano di interventi, così come le attrezzature informatiche e i laboratori. Dal punto di vista delle risorse umane, gli insegnanti, veri protagonisti del cambiamento, devono operare in condizioni di lavoro più vicine a quelle europee, per cui va ripensato tutto il processo di qualificazione, reclutamento e carriera, in una logica per cui a maggiori responsabilità corrispondono maggiori incentivi. Va fatta al più presto una stima seria del numero di docenti necessario, in base ai parametri medi europei e alle caratteristiche del territorio, ed è necessario programmare gli accessi sul medio periodo".

Questo era un illuminato manifesto promosso da un gruppo trasversale di studiosi, intellettuali ed esperti di scuola: Vittorio Campione, Fiorella Farinelli, Paolo Ferratini, Claudio Gentili, Franco Nembrini, Luisa Ribolzi, Silvano Tagliagambe, Stefano Versari.

Vi si aggiunsero, condividendone i principi, anche Giuliano Amato, Dario Antiseri, Livia Barberio Corsetti, Franco Bassanini, Luciano Benadusi, Giuseppe Bertagna, Piero Bianucci, Edoardo Boncinelli, Francesco Botturi, Mario Brozzi, Carlo Callieri, Lorenzo Caselli, Vincenzo Cesareo, Giorgio Chiosso, Piero Cipollone, Massimo Coda, Michele Colasanto, Maria Grazia Colombo, Antonio De Lillo, Alberto De Toni, Pierpaolo Donati, Gian Arturo Ferrari, Fabrizio Foschi, Claudio Gagliardi, Andrea Gavosto, Onorato Grassi, Gregorio Iannaccone, Giancarlo Lombardi, Francesco Macrì, Claudia Mancina, Bruno Manghi, Roberto Maragliano, Daniele Marini, Lanfranco Massari, Enzo Meloni, Renato Mion, Dario Nicoli, Attilio Oliva, Andrea Olivero, Luigi Pedrazzi, Roberto Pellegatta, Andrea Peruzy, Annamaria Poggi, Gianni Principe, Giorgio Rembado, Gianfelice Rocca, Giovanna Rossi, Silvio Scanagatta, Fulvio Scaparro, Lanfranco Senn, Vincenzo Silvano, Alberto Stancanelli, Paolo Trivellato, Elena Ugolini, Stefano Zamagni.

Oggi non se ne sa più nulla.

Accanto a quelli del buon senso, ai pessimisti storici e a coloro che si sono arresi, c'è la zona-cuscinetto di quelli che qualcuno chiamava "gli uomini qualunque": la scuola va bene così com'è, basta solo qualche aggiustamento.

Mi fa venire in mente quello che succede nelle pseudorepubbliche del sudamerica dove quando una dittatura palese o subliminale viene sostituita da un'altra, questa demolisce tutto ciò che ha fatto la precedente senza distinzioni, licenzia tutti quelli non in linea e ricomincia tutto da capo sulle macerie delle cose buone e cattive già fatte! Qualche déjà vu? Credo che siano ormai più di trent'anni di déjà vu nella scuola! Demolire, demolire, demolire... cominciare a ricostruire... non finire e ridemolire! Come la famosa epica tela.

La verità è che tutti sono stanchi della scuola di Gentile, di quella di Jervolino, Lombardi, D'Onofrio, Berlinguer, Moratti, Fioroni, Gelmini... Sarebbe invece l'ora della scuola Italiana, quella condivisa dai saggi e dalla gente per bene; la scuola che dà a tutti le stesse opportunità e gli stessi mezzi, quella della nostra Costituzione (che, non a caso, non fu firmata dai partiti di tutti quelli che oggi sono malamente al potere).

LE MISURE E I NUMERI.

"La matematica è una emergenza didattica nazionale, necessario aprire una riflessione su apprendimento e didattica della materia. Ragazze più brave dei ragazzi. Aumentano i promossi agli scrutini".

"Dopo quasi 15 anni - ha dichiarato l'attuale ineffabile Ministro dell'Istruzione, dell'Università e della Ricerca Mariastella Gelmini - si ritorna a studiare d'estate per recuperare le insufficienze. Studiare a luglio e agosto non è certo piacevole per gli studenti, ma contribuisce a dare un po' di serietà e credibilità alla valutazione degli studenti nella scuola italiana".

"Si deve, purtroppo, prendere atto che la matematica costituisce, per la scuola italiana, un'autentica emergenza didattica. Il problema accomuna gli studenti dell'intera penisola, senza distinzione di sesso, tipologia di scuola o dislocazione geografica. Forse è il momento di chiedersi se non siano necessarie la ricerca e l'applicazione di nuove metodologie d'insegnamento. Dovremo porci - conclude Gelmini - la stessa domanda anche riguardo allo studio delle lingue straniere, la seconda più grave lacuna dei nostri ragazzi".

La materia in cui gli studenti di tutta Italia incontrano le maggiori difficoltà è la matematica, anche tenendo conto che si tratta di una tra le discipline più presenti nei diversi corsi di studi: il 45,7% dei ragazzi ammessi con giudizio sospeso all'anno scolastico successivo dovrà dimostrare di aver superato l'insufficienza in questa disciplina. Da notare che, rispetto all'anno scorso, in cui c'era il 43,1% degli studenti ammessi con debito in matematica, c'è stato un ulteriore aumento di 2,6 punti percentuali.

Dopo la matematica, la materia più ostica per gli studenti italiani è la lingua straniera. Il 30,6% degli studenti ammessi all'anno scolastico successivo con giudizio sospeso ha avuto un debito formativo in lingua o in letteratura straniera; seguono le altre discipline scientifiche (fisica, chimica, biologia etc.) col 23,6%; infine l'italiano con il 14% (percentuale rimasta stabile rispetto al 14,5% del 2007).

Questi i risultati degli scrutini.

Promossi: 59,4%; Giudizio sospeso: 26,9%, Non ammessi: 13,7%.

Aumentano i promossi (confrontando il dato con quello relativo agli alunni ammessi senza debito lo scorso anno) alla classe successiva: è quanto emerge dalle rilevazioni effettuate dal Ministero sugli scrutini finali della scuola secondaria di secondo grado e sui risultati relativi agli esami di Stato 2007-2008. Le promozioni sono aumentate del 10% rispetto allo scorso anno, un dato che potrebbe significare come il sistema del recupero dei debiti formativi abbia innescato un meccanismo virtuoso che ha responsabilizzato gli studenti. Ma una valutazione finale potrà essere fatta solo in tempi più lunghi e a regime.

Le tipologie di scuola in cui si sono avuti più successi sono il liceo classico, con il 73,2% dei promossi senza debito, con un aumento di 7,9 punti percentuali rispetto all'anno precedente e il liceo linguistico, anch'esso con il 73,2% (anche qui si è avuto un aumento dei promossi senza debito del 10,5%). Segue il liceo scientifico con il 68,4% degli ammessi all'anno successivo, con un 7,8% in più di promossi.

Gli istituti professionali, invece, si confermano una delle tipologie di scuola in cui ci sono meno promossi; meno della metà dei frequentanti (il 48,2%), infatti, è stato promosso senza debito.

In ogni tipologia di scuola superiore, i passaggi più critici risultano essere il primo e il terzo anno. In queste due classi il maggior numero di studenti non viene promosso.

Friuli e Veneto le regioni con più bocciati, la Calabria con più promossi.

Per quanto riguarda la distribuzione geografica, la maggiore concentrazione di ragazzi promossi è in Calabria, a fronte del primato delle bocciature di Veneto e Friuli-Venezia Giulia.

Donne più brave degli uomini.

"Un dato, invece, rimane costante e resistente a ogni cambiamento" - aggiunge il Ministro Gelmini - "le donne si confermano sempre più studiose degli uomini, un fatto che costituisce ormai una realtà della scuola italiana".

Questo è quanto è dato sapere alla fine del 2008 dagli stralci di un report pubblicato su diversi giornali: ma i Ministri si alternano a propagandare ora la scala decimale, ora le prove strutturate, ora i giudizi e le lettere, ora il voto di condotta che supera il profitto.

E nella maggior parte delle scuole, come se nulla fosse passato, come se nulla si fosse innovato, si continuano a dare compiti a casa, a non usare le nuove tecnologie, a interrogare e fare compiti in classe, a deridere gli studenti, quando provano a dissentire, dall'alto di un potere che non esiste più. Succede questo anche nelle scuole che hanno mostrato i migliori risultati scolastici del mondo? Come mai insieme alla Finlandia c'è anche la Provincia di Trento?

LUOGO O NON LUOGO?

Le brutte scuole. Ancora Giovanni Papini in tempi in cui l'architettura c'era ancora, accomunava la desolazione degli edifici pubblici collettivi.

Il luogo comune delle costruzioni di degenza si perpetua nei comportamenti, negli spazi, negli arredi! Letti, banchi e cattedre, corsie e corridoi, sale d'attesa, uffici e sportelli, ambulatori e deambulatori! I ritmi scanditi dalle aule e dalle camerate, dai corridoi e dai gabinetti.

La modernità ha peggiorato la situazione perché ha solo imbellettato e sovrastrutturato di tecnologie e di gadgets gli stessi spazi, gli stessi arredi, le stesse forme che denunciano gerarchia e potere.

Nemmeno le innovazioni pedagogiche o didattiche sono state capaci di modificare significativamente il tradizionale, ottocentesco modello: aule, corridoi, servizi...

Nemmeno le esigenze delle innovazioni tecnologiche o della sicurezza hanno realmente trasformato la filosofia del progettare e del costruire. L'immagine della scuola, riconoscibile come uno dei simboli nella città, non esiste più.

Per riconoscere una scuola moderna devi fare affidamento solo sulle bandiere esposte d'obbligo e sugli storici decori alle finestre delle scuole materne o elementari.

Osservando un ospedale, o una scuola, o una palestra fatichi a definirli tali. Spesso un capannone ha più qualità architettonica e almeno sai che cos'è...

Il primo approccio con la scuola come edificio è, quindi, spesso assai deludente sia per gli ospiti che per i lavoratori e i clienti.

Gli edifici scolastici funzionano a metà tempo: poi sono chiusi e preda dei vandali. Spesso gli stessi studenti che per spregio colpiscono il simbolo concreto di quella che percepiscono come luogo di una ingiusta costrizione; al mattino succubi degli spazi rigidi e dell'organizzazione e la sera vendicatori sui simboli dell'oppressione.

Ricordo un concorso di disegno tra alunni delle scuole elementari indetto negli anni 90 in Provincia di Rimini, dove io svolgevo il mio ingrato, ma anche stimolante mestiere di preside e, in quell'occasione di membro della giuria con l'illustre esperto di percezione che è Pino Parini.

Il tema del concorso era la rappresentazione della scuola ideale a partire da un grafico elementare dello stereotipo dell'edificio scolastico. Molti piccoli concorrenti cercavano di fuggire dal luogo comune per crearsi uno spazio immaginario a misura delle proprie aspirazioni e dei propri sogni.

Quelli che apparivano più autentici e, quindi, senza la longa manus del maestro, offrivano grafici originali e pieni di creatività, figurandosi luoghi per imparare fantastici e vicini alla natura.

Quelle scuole non esistono in Italia, forse nemmeno in *mente architecti*. Esistevano invece quando la scuola era luogo amato e riconosciuto: impresso nella memoria dell'infanzia e della giovinezza non come luogo di "tortura" ma di scoperta, di amicizia, di rispetto, pur nelle sue forme austere e civicamente riconoscibili come emergenze della città.

Quelle forme erano adatte a quella scuola che dava i suoi frutti. Per la scuola di oggi non c'è una forma riconosciuta né un modello ideale.

Non è un caso che anche la tanto discussa sicurezza sia legata alla qualità dell'architettura, ma nessuno lo rileva e ne tiene conto! I fatti disgraziati avvenuti nel tempo, dagli episodi di cadute accidentali, di crolli improvvisi, di ordinario rischio quotidiano fino alle tragedie molisane e abruzzesi, le morti bianche da scuola hanno solo catalizzato l'attenzione e annunciato miracoli per qualche settimana.

Si susseguono le dichiarazioni di stanziamenti imminenti (con i quali non si farebbero in tutta Italia nemmeno una scuola per provincia!) poi tutto torna come prima affidato al fato, al volontariato delle donne e degli uomini di scuola, all'arrampicarsi sugli specchi dei gestori pubblici e privati degli edifici che riescono solo a tappare buchi provvisoriamente, perché, intendiamoci, non tutti gli edifici scolastici possono essere resi sicuri: specialmente quelli costruiti nei periodi storici della speculazione!

Un intervento serio sarebbe quello di pianificare i restauri degli edifici scolastici storici, nella nobiltà poetica del termine restauro. Andrebbe ricostruito ex novo tutto il resto del parco-scolare d'Italia che, attualmente, anche quando sia sicuro e tecnicamente ben fatto è architettonicamente insignificante e pedagogicamente inutile.

Un intervento di emergenza, un piano decennale da attuarsi con priorità assoluta rispetto alle autostrade, le alte velocità, i ponti e i grattacieli!

Basterebbe creare una task force di pochi esperti e pianificatori, unificare le competenze sull'edilizia a un unico ente locale (meglio i Comuni o i consorzi di comuni per quelle scuole a valenza sovra territoriale).

Guai a far intervenire le eclettiche province, capaci di tappar buche nelle strade, pubblicare costosi libri inutili e allestire esibizioni velleitarie e colpevoli di aver eretto numerose cattedrali nel deserto e generato le più eclatanti incompiute scolastiche! Salvo poi precipitarsi con i presenzialismi di improbabili opere di carità e gocce nel mare dell'indigenza costruendo scuole prefabbricate nei deserti del terzo mondo, magari con tetti di eternit o lamiera!

Le Regioni, invece, hanno già i loro guai con la sanità e con gli sconcertanti piani di riorganizzazione disforica della rete scolastica che spesso sopprimono le scuole utili e istituiscono indirizzi di studio da fantascienza!

L'Italia è anche il paese della sicurezza postuma, anche per la scuola.

Infatti, prevenire attraverso la sostenibilità totale costa nella fase iniziale, dà risultati solidi solo dopo molto tempo ma non fa immagine e non paga elettoralmente!

Costa certamente di più dei pianti di coccodrillo e delle promesse a posteriori perché comporta strutture, formazione, risorse umane, investimenti a breve e lungo temine. La vera architettura avrebbe da sé e in sé risolto il problema: sia nel recupero del patrimonio giudicato idoneo, che nel pensare a nuovi interventi.

Non ha senso parlare di qualità architettonica finché non esisterà una figura esperta in questa progettazione e si continuerà a operare nell'improvvisazione eclettica di professionisti tuttofare!

L'ultimo piano organico di edilizia per la scuola pubblica nazionale, nata come istituzione alla fine del XIX secolo, ahimè, risale a tempo del fascismo, che, in una diretta eredità di intenti con la Legge Casati ma anche per esigenze di diffusione capillare della propaganda di regime e di decentramento del controllo amministrativo, aveva pianificato e realizzato interventi su tutto i territorio nazionale sia per la scuola urbana che, sopratutto, per quella rurale.

C'era allora una intenzione forte, l'idea di scuola era sbagliata ma decisa, c'erano e ci sono ancora, manufatti diffusi e stilisticamente qualificati anche da buone forme razionaliste e da spazi di cui non è sbagliato apprezzare la modernità.

Poi, per dirlo con i nostri critici cugini francesi che qualche scuola la fanno meglio di noi: le *déluge*!

Solo con un po' di ironia si può tentare di dipingerne il quadro desolante.

Ecco un pellegrinaggio virtuale e anche reale attraverso le scuole che per loro forma e funzione si possono ancora, a volte con azzardo, definire tali. È ovvio che molti edifici rispecchiano l'idea di scuola che vi è tuttora sottesa, a dispetto delle false riforme e delle rivoluzioni a 360 gradi che riportano tutto al punto di partenza.

Tanti manufatti perpetuano il perfido luogo comune dell'aula e del corridoio, timidamente superati solo da forme e collocazioni diverse e "creative" solo per mascherare identiche funzioni e identici limiti. I tipi sono molteplici: c'è la scuola rurale del ventennio, l'opificio-scuola neoclassica fine ottocento e primi novecento, i velleitari razionalismi degli anni 40 e 50 alla Bauhaus l'edilizia spigolosa e geometresca degli anni 60 e 70, le rocambolesche quanto ipereclettiche sperimentazioni degli anni 80 e 90, che imitano malamente il Beaubourg e i suoi epigoni.

Queste ultime, in particolare, sviliscono le credibili idee sull'architettura di maestri come Aldo Rossi mentre pretendono di essere monumenti a molti vip dell'architettura che pontificano, insieme all'establishement psicopedagogico rampante, su una improbabile tipologia scolastica postmoderna e ipertecnologica.

Troviamo brutte scatole incastrate da virtuosismi volumetrici e funambolismi materici e cromatici ritroviamo le rigidezze delle aule e ai corridoi, il cemento a go-go, le infiltrazioni dai soffitti fatti di lucernari di plexiglass, gli effetti serra di vetrate incoscienti mentre tutti gli spazi, per chi li vive quotidianamente, diventano palestre di graffiti, fonte di malanni e di claustrofobia, casamenti e opifici di grandi e squallide superfici. Questo pellegrinaggio ideale, a onor del vero, non esclude il racconto di qualche rara eccezione e ne segnala i motivi di successo.

Alcuni interventi sublimi di recupero del patrimonio storico oppure di riuso per l'istruzione di edifici con altre destinazioni storiche smentiscono l'idea che si debba fare tutto ex novo!

A certe condizioni è persino più facile sistemare a norma di sicurezza, di igiene e confort un edificio storico piuttosto che una nuova produzione architettonica che, spesso, per rincorrere improbabili glorie figurative pregiudica la funzionalità, la sicurezza. L' abitabilità e la fruibilità dovrebbero essere garantite dalla semplicità Sono infatti quasi degli orpelli anche gli elementi e i materiali architettonici di moda: ferro e vetro, legno e vetro, legno e ferro.

Le manie false bio ed eco spesso sortiscono ipocriti effetti contrari quando si inventano materie poco collaudate e subdolamente sintetiche mentre si spacciano per naturali!

Un edificio può anche essere educativo in sé.

Per il valore e significato dei suoi spazi, per gli arredi che non valorizzano la funzione e l'uso, per l'amore che possono indurre verso la conoscenza e il lavoro, per la testimonianza di vera sostenibilità espressa nei materiali poveri e naturali, nell'uso di tecniche di climatizzazione e impiantistica moderne e tradizionali al tempo stesso, economiche e rispettose dell'ambiente.

Molte ricerche nazionali e internazionali hanno mostrato che l'influenza dei luoghi dove si apprende e si insegna incide addirittura per oltre il 70% sui risultati!

Invece, per non smentire l'italico amore esotico e modernista, si sono messe all'asta le pregiate scuole rurali,che ora con l'urbanizzazione selvaggia tanto rurali più non sono, mentre con adeguate reti di trasporto (sicuramente meno costose dei nuovi interventi edilizi) e convenienti interventi manutentivi potevano funzionare ancora servendo ampi territori e mantenendo intatta nella forma l'idea di scuola che caratterizza, come altri monumenti fondamentali (il municipio, la chiesa, la farmacia...), le piccole realtà urbane di cui l'Italia è piena.

Si è preferito costruire tante brutte scuole in cemento, o peggio in prefabbricato, nelle zone peggiori del territorio comunale anche per rincorrere i localismi di frazione e di caseggiato che vorrebbero tutti i servizi sotto casa.

L'adeguamento di questi manufatti alla crescita della popolazione scolastica avviene in modo singolare: si aggiunge un corpo prefabbricato estraneo alla seppur deprecabile forma originaria, si sopraeleva con rischi per la stabilità, si aggiungono palestre gonfiabili.

Nelle città, dagli anni 70 è nata pure la moda esotica del campus all'anglosassone! Dimenticando che noi siamo e saremo sempre un popolo mediterraneo, in un contesto storico, artistico e paesaggistico unico.

Allora si vedono accozzaglie di edifici scolastici nelle zone dormitorio della città.

Si espellono le scuole, così come le case, dai centri storici per far posto a banche e assicurazioni e negozi.

Nascono ghetti della cultura dove è facile parcheggiare l'auto, ma cresce l'angoscia nel pensiero che lì si deve stare molto tempo della propria vita a studiare e produrre cultura in architetture che il progettista vip di turno ha voluto edificare come monumento a sé stesso e manifesto di una improbabile decisiva nuova tendenza risolutiva di tutti i problemi della scuola.

Nascono velleitari campus scolastici, le avanguardistiche cittadelle del sapere, i poli della cultura.

L'arte e la cultura, ai tempi cui esisteva la città, valevano perché erano diffuse, erano collocate nei differenti punti chiave della città per non generare nuove periferie dedicate che vivono solo durante la funzione e poi assumono il volto del degrado e dell'abbandono.

Un'idea di scuola e un'idea di architettura che dialogassero produrrebbero effetti straordinari.

Progettisti non eclettici, ma specializzati saprebbero come realizzare spazi adeguati e anche stilisticamente apprezzabili.

Da questo pellegrinaggio per l'Italia scolastica sortisce uno stereotipo spaziale, superato solo da qualche rara eccezione, in cui colloco volentieri anche l'esperienza degli spazi suggeriti dal metodo di Maria Montessori, che si può descrivere in un racconto di avvicinamento di accoglienza, di percorso, di uso.

Il luogo dove sorge la scuola è spesso periferico o aqquartierato, il verde minimale i graffiti malamente fatti e rifatti in molte pareti (ve ne sarebbero anche di pregio se i muri lo meritassero!)

Come al tempo dei romani gli studenti cercano di firmare ciò che non ritengono familiare e confortevole con graffiti, scritte, epiteti, slogan: un grido di dolore!

Nelle periferie scolastiche le ampie finestrature a nastro nelle pareti squadrate e tecnologiche con ampio uso di cemento e prefabbricati, gli infissi in ferro o alluminio, denunciano la poca attenzione all'estetica, al comfort, al risparmio energetico anche nelle opere inaugurate di recente, seppure progettate più di un decennio fa.

Si entra generalmente in un atrio spoglio e freddo dove il cemento a vista la fa da padrone, senza decori, senza colori, senza segni che invitino a un percorso a una visita.

Gli arredi sono riciclati e spuri: vecchie scrivanie, trespoli per i bidelli in una improbabile reception, sedie, appendiabiti, scaffali di recupero o evidenti risultati di una gara d'appalto al ribasso più estremo. Dentro è sempre meno scuola!

Non si chiedono gli scaloni dei vecchi Licei fine ottocento, o le corti alberate che introducono sapientemente a spazi di studio e di creatività o, infine, il pregio delle rare cattedrali moderne pensate, progettate e realizzate da chi sa che cosa è e può diventare la scuola e ne costruisce un luogo ove colloca oggetti pieni di promesse e di speranze.

Entrando nel corpus vivo di una scuola qualsiasi la prospettiva è sempre la stessa anche se offerta con mille varianti: i corridoi, le aule i bagni, l'aula insegnanti, la presidenza, gli uffici: scatole, scatole e ancora scatole!

Spazi riempiti a caso con quel che si trova in una miscellanea incredibile. In onore al design e al made in Italy!

L'aula-tipo, dalle elementari alle superiori, è come un autobus con file di banchi allineate e la cattedra in cima!

Le variazioni che qualche docente volonteroso sperimenta a patto di rimettere tutto a posto pena le ire dei bidelli sono solo palliativi.

La creatività e qualche timido cenno di design pare siano appannaggio di rare scuole dell'infanzia ed elementari, frutto di amministratori illuminati e impazienti di mostrare le loro perle a gruppi visitatori giapponesi o finlandesi!

Dentro le scuole normalmente ci si perde perché non si riconosce il significato degli spazi, mentre si scopre che anche le novità più eclatanti non sono altro che i vecchi tipi mascherati.

Le pareti sono spoglie o diventano una lunga bacheca senza fine. Solo negli istituti artistici ho trovato un'atmosfera più accogliente ed esteticamente (nell'accezione dei sensi!) gratificante. Il resto dei decori è dovuto agli estintori e alle manichette antincendio (quando ci sono!), agli altoparlanti e alle targhe e riconoscimenti scolastici appesi un po' ovunque.

La Presidenza in genere è un ufficio sofisticato con *chaiseslongues*, tappeti e divanetti!

Nelle aule si passa dall'effetto serra al congelamento, dall'insolazione estiva all'oscurità invernale.

Gli arredi, non dimensionati alla crescita umana, sono sempre gli stessi con graffiti e scritte, in compensato curvato o plastica dozzinale e tubolari di ferro. I bagni si presentano sovente come un manifesto continuo di stratificazioni (tra un intervento di ritinteggiatura e l'altro) di scritte goliardiche, invettive e disegnini più o meno osè.

Credo che il rispetto verso i luoghi e le cose dipendano da come questi sono e si presentano, da come sono percepiti parte della propria vita, e non delle proprie torture!

Non si deve essere ipocriti e non si deve essere globali, sebbene il problema non sia solo nazionale, se l'attenzione per l'emergenza scolastica, in generale, è particolarmente accesa nell'UNESCO, nell'OCSE e nelle grandi potenze economiche.

Ogni tanto, però, emerge il pressappochismo italico che si cimenta nelle indagini giornalistiche sulla scuola dimostrando di non conoscerne quasi nulla!

Non è un caso se gli esempi virtuosi, in genere, vengono dalla Svezia, dalla Finlandia e dal Nord Europa, dove le nazioni hanno popolazioni ridottissime e ricchezze nettamente superiori a quelle dei paesi mediterranei, alle prese anche con l'emergenza immigrazione, con le storiche incolmabili differenze Nord-Sud.

Viene citata *pro bono pacis* qualche buona pratica italiana che si colloca in Emilia Romagna, Friuli, Val d'Aosta, Trentino Alto Adige...!

La scuola è diventata, nel tempo, un'emergenza nazionale e non la si risolve con i palliativi interventi per adeguamenti alla normativa di sicurezza di edifici che tra pochi anni, proprio per loro natura, avranno di nuovo i medesimi problemi.

Paradossalmente è più facile e anche più risolutivo adeguare un edificio storico che una scuola cosiddetta moderna.

Gli anni '60 e '70 sono quelli peggiori per vincoli e condizionamenti strutturali e mancanza assoluta di stile.

Le scuole attuali primeggiano, invece, per denunciare già dall'inaugurazione una durata limitata, difetti strutturali e di impiantistica in un insieme di velleitarismi architettonici abbinati alle lungaggini burocratiche, alle economie forzate su materiali, tecnologie e complementi.

Passare dalla miseria alla ricchezza comporta, innanzitutto, una vera indagine conoscitiva che non è certamente quella superficiale delle numerose, sovrapposte, ripetitive anagrafi scolastiche fatte dallo Stato, dalle Province dalle Regioni con diversi punti di vista in tempi diversi, replicando operazioni costose e alla fine inutili perché non hanno portato ad altro se non a rimedi temporanei, a cattedrali nel deserto o alle incompiute cui ormai sembriamo rassegnati.

Un quadro abbastanza attendibile, ma veramente preoccupante e testimone della cattiva qualità dell'architettura scolastica emerge da una serie di dati ministeriali:

Gran parte delle scuole (il 48,97%) sono state costruite prima del 1965; mentre solo il 5,11% dal 1993 a oggi.

La destinazione d'uso originaria delle scuole era un'altra: 4536 edifici erano abitazioni, in genere strutture in affitto adibite impropriamente a uso scolastico, piene di amianto, di altri materiali tossici e prive di qualsiasi requisito per un edificio pubblico destinato all'istruzione.

Secondo le medesime fonti ministeriali:

1) 23.557 edifici (il 57%) non hanno il certificato di agibilità statica (Sardegna 84,47%, Calabria 76,51%, Umbria 76,27%, 68,99% Lazio 68,67%, Liguria 66,32% Abruzzo);

2) 23.702 edifici (il 57,35%) degli edifici scolastici sono privi del certificato di agibilità sanitaria (Sardegna 81,55%, Umbria 74,58%, Calabria 74,43%, Lazio 74,35%, Puglia 65,49%);

3) 14.919 edifici (il 36,10%) non hanno gli impianti elettrici a norma (Molise 56,98%, Sardegna 56,80%, Abruzzo 46,05%, Lazio 45,45%, Calabria 43,87%);

4) 29.066 edifici (il 70,33%) presentano barriere architettoniche (Molise 80,23%, Basilicata 78,40%, Calabria 77,13%, Umbria 75,14%, Sardegna 75,24%) ;

5) Una scuola su tre è dotata di scale di sicurezza, mentre 13.688 edifici (il 33,12%) hanno bisogno urgente di manutenzione ordinaria e straordinaria. Naturalmente è drammatica la situazione relativa alla sicurezza.

I luoghi dove sono collocate le scuole presentano una singolare compresenza di pericoli (rischio sismico, idrogeologico, vulcanico, elettromagnetico):

•   13.932 edifici scolastici (33,71%) sono a rischio sismico;

•   6.497 edifici scolastici (15,72%) prossimi alle antenne emittenti radio televisive;

- 5.331 edifici scolastici (12,90%) vicine ad aree di industrie pesanti;
- 2.500 edifici scolastici (6,05%) vicino a elettrodotti ad alta tensione e bassa tensione;
- 1.773 edifici scolastici (4,29%) sono nel mezzo di aree ad alto inquinamento acustico;
- 756 edifici scolastici (1,83%) confinano con strutture militari;
- 500 edifici scolastici (1,21%) sono accanto ad aeroporti.

L'unica Legge seria e organica sull'edilizia scolastica completa di standard e parametri abitativi risale al 1975. Conteneva anche un piano finanziario!

UN LUOGO CHE È ANCH'ESSO MAESTRO.

La chiave di volta è la ricostruzione di uno stile, di un tipo edilizio. Integrare le esigenze di modernità con la storia.

La sequenza di tanti insuccessi e di altrettante cattedrali nel deserto impone una riflessione su chi progetta le scuole. Poiché non esiste una figura mitologicamente capace di avere le cento mani necessarie per avere tutte le conoscenze indispensabili per progettare una scuola (il luogo della formazione di tutte le persone e di tutte le professioni!) è necessario consolidare l'idea e suggerire alla politica di rendere obbligatoria la costituzione di un'équipe pluridisciplinare (non multidisciplinare perché sarebbe solo sommatoria di competenze e non la sintesi) composta da un architetto con esperienza specifica, un ingegnere, un esperto di bioclima e risparmio energetico, un dirigente scolastico, un esperto di paesaggio, un esperto di sicurezza e di ambiente, un funzionario dell'amministrazione scolastica territoriale e, se del caso, un filosofo o un religioso *ad impossibilia*!

Nel dividere i compiti, i costi non sarebbero poi così alti e i risultati sarebbero in qualche modo garantiti. E poi, non si darebbe sempre la colpa solo all'architetto!

La costruzione di una serie di canoni nazionali che individuino le linee guida per la progettazione delle scuole in termini architettonici (che poi il resto viene da sé) e urbanistici eviterebbe l'eclettismo imperante, l'esotismo di gran moda e aiuterebbe l'equipe a orientarsi nella composizione, integrando le diverse competenze per difendersi dalle spinte all'originalità a tutti i costi, al funzionalismo ingenuo, al tecnicismo esasperato, al bioenergetico sostenibile di gran moda, ma spesso di poca sostanza e di scarsi risultati, ma sicuramente di grande costo!

Dopo quasi 35 anni la scuola italiana meriterebbe uno sforzo di novità, evitando la proliferazione di norme eclettiche e affrontando l'idea di rifondare le regole per pianificare, finanziare e costruire le nostre scuole in una visione unitaria: dagli asili nido all'università!

Le scadenze per il conseguimento degli obbiettivi europei di Lisbona sono infatti dietro l'angolo e noi siamo ancora al punto di partenza, a discutere e litigarsi un'idea di scuola da condividere!

L'Europa da quasi un decennio aspetta che:

"...*le scuole e i centri di formazione, tutti collegati a Internet, siano trasformati in centri locali di apprendimento plurifunzionali accessibili a tutti, ricorrendo ai mezzi più idonei per raggiungere un'ampia gamma di gruppi bersaglio; tra scuole, centri di formazione, imprese e strutture di ricerca dovrebbero essere istituiti partenariati di apprendimento a vantaggio di tutti i partecipanti...*"

A un certo punto il documento di Lisbona 2000 accenna ai luoghi dell'apprendimento in una accezione che contempla il lifelonglearning e restituisce a tutte le scuole il ruolo di ricerca e di guida alla conoscenza ricorrente lungo tutto l'arco della vita, perché non è vero che c'è un tempo per l'apprendimento, uno per il lavoro e uno per la meditazione.

Solo allora alle scuole come edifici verrebbe restituito il tempo pieno e riprenderebbero a vivere nella città in uno scambio continuo, per rappresentare un polo di diffusione della cultura, dell'arte, delle scienze e un luogo di continuità dell'apprendere anche durante la cosiddetta terza età.

Non avrebbe più alcun senso spezzare i luoghi della scuola in tante parti e disseminarli per le periferie delle città.

Il centro storico è l'unico sito dove collocare la scuola, dall'infanzia all'età adulta in una accezione mediterranea del fallito campus anglofilo.

La città rinascerebbe nella forma e nella funzione e rivivrebbe quella sua parte ora generalmente monopolizzata da banche, assicurazioni e botteghe e ghettizzata forse più delle periferie industriali e residenziali. È dalla collocazione dei suoi monumenti che rinasce la qualità urbana e uno di questi monumenti è senz'altro la scuola.

Poi c'è il rapporto scuola e natura, scuola e paesaggio, scuola e materia. Per questo offro una citazione emblematica che non è in Italia, ma in Cina: la scuola elementare "Yuhu Lijiang", edificata in un sito del patrimonio dell'umanità dell'Unesco citata e descritta nel numero speciale di Casabella "Scuole del Secondo Novecento" del Dicembre 2006.

E ORA?

La saga continua peggio di Henry Potter : peccato che non vi sia una scuola per maghi! Ne avremmo veramente bisogno.

Dai ministri filosofi e scrittori ai ministri di partito e cortigiani ne è passato di tempo! La scuola sta sempre peggio e la prova ne sono i comportamenti e le non scelte degli italiani.

Vi è stata, secondo me, una incosciente macchinazione per rendere i cittadini sempre più ignoranti, sempre più audiovisivi, sempre più veline e calciatori, mercanti, furbi e faccendieri!

La scuola che ha vinto è quella della televisione contro i libri veri e la stampa onesta contro la cultura consolidata nei secoli, contro il buon senso. Ma tutti ipocritamente recitano la parte dei salvatori dell'istruzione pubblica, della cultura, dell'arte mentre, di fatto, lavorano perché nulla venga salvato se non ciò che è appannaggio delle future classi dominanti già allevate in pectore dai nostri governanti.

La scuola è il luogo della massima demagogia e delle più copiose lacrime di coccodrillo. È il luogo dei tagli dei nastri e dei progetti, delle manifestazioni festanti e pseudo educative, del "battiam battiam le mani al nostro direttore e al nostro sindaco, assessore, sottosegretario, ministro, presidente di turno che se ne strafottono sonoramente di ciò che non gioverà mai alla loro carriera e alla loro saccoccia!

La scuola di oggi è quella emblematica di una ministra come la Mariastella Gemini, imbeccata passo passo dal suo mentore che ha "fatto il sogno" della sua nuova la scuola pubblica, cristiana e aziendale che si riassume in poche parole chiave:

- Classista,
- Gerarchica,
- Padronale (il preside padrone),
- Rigida,

- Selettiva per censo e per quel merito che porta solo il censo,
- Confessionale (la religione unica del pensiero unico),
- Senza progetti e senza idee,
- Economica efficiente ed efficace.

Uno di quei carceri di cui parlava Papini che poi, ironia della sorte, delirava di essere, sostanzialmente, un conservatore!

Credo che la scuola di oggi sia il risultato di numerosi "disegni" per renderla asservita e inefficace a costruire le coscienze e a formare cittadini liberi e autonomi. Non saremmo tornati altrimenti alle attuali pericolose derive plebiscitarie dove gli italiani non sono gli "italiani di merda" di un confuso Giampaolo Pansa, ma semplicemente italiani resi di nuovo ignoranti da tutto ciò che si è sostituito alla scuola: televisione, gossip, calcio... *panem et circenses*, artefici i vari tribuni e subdoli *maitres à penser* i cui nomi sono ormai dei sopravalutati feticci urbani e mediatici e, per citare, anche "comici e spaventati guerrieri" quali Vespa, Santoro, De Filippi, Costanzo, Bonolis, Fazio, Gruber, Sgarbi, Crepet: una vera scuola a distanza per gli italiani non vaccinati contro la stupidità, la superficialità e il populismo.

I cittadini, per di più attraverso giornali e televisioni, hanno in genere notizie sulla scuola solo quando si verifica uno o più dei seguenti eventi:
- Crolli e disastri di edifici scolastici,
- Allagamenti di aule da parte di studenti,
- Mancanza di docenti all'inizio dell'anno scolastico,
- Diatribe ricorrenti "crocefisso si crocefisso no",
- Presenza eccessiva di alunni stranieri,
- Eventi di bullismo o di stranezze dei docenti,
- Annunci e comizi su imminenti riforme epocali,
- Autogestioni e occupazioni dei soliti vagabondi o dei soliti pericolosissimi centri sociali,

- I corsi e ricorsi di pagelle, voti, condotta,
- Docenti impreparati ma malpagati.

Ma chi affronta un dibattito totale serio e profondo sulla scuola italiana?

Nessuno.

Ogni parte fa la *sua* parte senza curarsi dell'insieme: così c'è una scuola dei politici, dell'amministrazione. dei sindacati, degli studenti, delle associazioni dei genitori, dei cattolici, degli ebrei, dei musulmani, ma non c'è la scuola libera, autonoma, aconfessionale, rigorosa e dedicata a promuovere la crescita di tutti "i capaci e meritevoli" che diventano tali solo dopo l'applicazione di pari opportunità e condizioni di partenza dove non c'è soluzione di continuità tra educazione, istruzione e lavoro e dove alla fine la propria condizione di vita dipende solo dalla volontà e dal merito e non dal caso, dal censo o dalla disonestà.

Riceviamo, tuttavia, poche notizie sulle buone scuole e su quello che da esse si può imitare per rendere il sistema migliore; pochi sono i reportages sulla dedizione e lo spirito di servizio di molti presidi, docenti, bidelli, amministrativi. Resta solo la caccia alla sensazione e allo scandalo, gli stereotipi o le gratuite provocazioni ricorrenti dalle colonne dei giornali, dai talk show o dai libri di cassetta, mentre nulla sta cambiando sotto il sole e la scuola è, sostanzialmente, nel bene e nel male, quella di un secolo fa.

CONTROBIBLIOGRAFIA CASUALE

- **La scuola è finita... forse** di G. Cominelli - Ed Guerini e Associati 2009.

- **La scuola davanti al blog** di Chiara Friso - Ed SEI 2009.

- **5 in condotta** di Mario Giordano - Ed Mondadori 2009.

- **Beata ignoranza** di Cosimo Argentina - Ed Fandango 2008.

- **Provaci ancora, scuola** di I. Cortoni e M. Mocelloni - Ed Centro Studi Erickson 2007.

- **La scuola italiana nella seconda Repubblica** di O. Niceforo - Ed Nuova Cultura 2008.

- **La fabbrica degli ignoranti** di G. Floris - Ed Rizzoli 2008.

- **Diario di scuola** di Daniel Pennac - Ed Feltrinelli 2008.

- **Ehi, prof!** di Frank McCourt - Ed Adelphi 2006.

- **Prima di tutto, la scuola** di C. Acciarini e A. Sasso - Ed Melampo 2006.

- **Racconti di scuola** di Gianni Resti - Ed Le Balze 2006.

- **Quando suona la campanella** di Autori vari - Manifestolibri 2006.

- **Ex cattedra e altre storie di scuola** di D. Starnone - Feltrinelli Editore 2006.

- **Un futuro da precari** di M. Sacconi e M. Tiraboschi - Ed Mondadori 2006.

- **A scuola con difficoltà** di Paolo Borin - Ed Carocci 2006.

- **Lettera a un insegnante** di Vittorino Andreoli - Ed Rizzoli 2006.

- **I classici della letteratura inglese in lingua originale** (lettura on line).

- **La mia scuola, chi insegna si racconta** di Chiesa D., Trucco Zagrebelsky - Ed Einaudi 2005.

- **Insegnare a chi non vuole imparare** di G. Bagni e R. Conserva - Ed EGA 2005.

- **Le remore e il Titanic** di Luca Antoccia - Edizioni Gaffi - Roma 2005.

- **Perché non sarò mai un insegnante** di Giovannone Gianfranco - Ed. Longanesi 2005.

- **Mnemo test** - test di valutazione delle strategie di memoria.

- **Figli dei media** di B. Bruschi e A.Parola - Edizioni Giuridiche Simone 2005.

- Di chi è la scuola? La partecipazione responsabile dei bambini di F. Rossi - Ed. Carocci 2005.

- Il lavoro di gruppo nella didattica di C. Negri Silvia - Ed. Carocci 2005.

- Manuale di educazione sessuale di Fabio Veglia - Ed. Erickson 2005.

- Dirigere scuole. Funzioni del d.s. nella società globale di Capaldo-Rondanini - Ed. Erickson 2005.

- Come realizzare il portfolio (con CD ROM allegato) di P. Rossi - Ed. Carocci 2005.

- Ti racconto una fiaba... di Tullia Chiarioni - Ed. Carocci 2005.

- Scuola di Follia di Vittorio Lodolo D'Oria - Ed. Armando 2005.

- Genitori autorevoli di Italo Farnetani - Ed. Mondadori 2005.

- Il patentino per navigare in Internet di Aulitano - Serventi - Ed. Sonda 2005.

- Il parlar spedito di E. Pistolesi - Ed. Esedra 2005.

- Bullismo bullismi di Buccoliera - Maggi - Ed. Franco Angeli 2005.

- ➢ **Minori in rete. Come proteggerli dai pericoli del web** di R. Laurita - Ed. Mondadori 2004.

- ➢ **Didattica costruttivista** a cura di A. Carletti e A.Varani - Ed. Erickson 2005.

- ➢ **La scuola raccontata al mio cane** Ed. Guanda 2004.

- ➢ **Educare è difficile** Ed. MCE. 2004.

- ➢ **Una guida indispensabile: "Internet 2000".**

- ➢ **La valutazione tra economia ed equità** a cura di Bottani-Cenerini - Ed. Erickson 2004.

- ➢ **Pedagogie dell'e-learning** a cura di R. Maragliano - Ed. Laterza 2004.

- ➢ **Cooperare e competere tra bambini** di Ada Finzi - Ed. Giunti 2003.

- ➢ **Dentro la riforma della scuola di** Cattaneo - Maglia - Palermo - Ed. Urso 2004.

- ➢ **Manuale per il concorso a dirigente scolastico** a cura di Cosimo Guido – Ed. Giunti.

INDICE

L'AUTORE

Giuseppe Campagnoli nato a Recanati nel 1949 ha fatto l'architetto, il docente, il preside, il dirigente scolastico e il responsabile dell'Ufficio Studi della Direzione Scolastica Regionale per le Marche del Ministero della Pubblica istruzione fino al 2006.

Ha pubblicato numerosi saggi di scuola, architettura, didattica, costume.

Ha pubblicato tra l'altro:

o   L'educazione alla protezione civile e alla sostenibilità Regione Marche - Conerografica Ancona 2008,

o   Forse...Italia? Saggio ispirato a Giacomo Leopardi e agli italiani -Lulu Enterprises London 2007,

o   "Impressioni veneziane" libro fotografico - Copyright Giuseppe Campagnoli 2007 - Lulu Enterprises,

o   "L'architettura della scuola" i luoghi della cultura e dell'apprendere 2007 - Franco Angeli Milano,

o   AAVV L'architettura fortificata nelle Marche-Silvana - Editoriale 1985,

o   AAVV Atlante dei beni culturali dei territori di Ascoli Piceno e Fermo-Beni ambientali e architettonici - Arti Grafiche Amilcare Pizzi Milano 1998,

o   AAVV Il Mobile Pesarese - Dai maestri artigiani alla produzione industriale - Il Lavoro editoriale Ancona 2001,

o   AAVV Le Mura di Montefiore di Recanati - Editrice Fortuna Fano 1991,

o   AAVV Tecnologia dell'Architettura - ricerche, analisi e proposte - Facoltà Architettura Pescara 1969.

www.ingramcontent.com/pod-product-compliance
Lightning Source LLC
Chambersburg PA
CBHW031326290526
45784CB00014B/2279